心に響く小さな5つの物語 III

藤尾秀昭＝文
片岡鶴太郎＝画

致知出版社

まえがき

心理臨床家・京都大学名誉教授　皆藤 章

『心に響く小さな5つの物語』と出会ったのは五年前のことです。当時、ある看護系月刊誌の「こころをみつめる」というコーナーで、こころに残る書物を紹介しており、その九十回目にこの本を取り上げたのです。初めてこの本を読んだ時の鮮烈《せんれつ》な感動は今も忘れません。そこに綴《つづ》られている物語と著者の人間学の地平に深くこころを揺さぶられたのです。

さて、その『心に響く小さな5つの物語』の第三作がこの程《ほど》、出版されました。今回もまた前二作同様に、一読し、こころ震《ふる》える体験を味わいました。こころ震え涙しながら、それぞれの物語が語る人生の声を聴きました。

　主人公たちが、夢を実現させようとして、宿《やど》した天真《てんしん》を生き抜こうとして、縁を生かそうとして、絶望的な状況から這《は》い上がろうとして、それぞれ一意専心《いちいせんしん》に生きる、その姿に出会いました。また主人公たちの人生に思いを馳《は》せ、たぐいまれなる筆力でそれを読者に伝えようとする著者の姿に出会い、こころに響動《どよめ》きが起こりました。

　物語のなかには、初めて目にする難解なことばもありました。けれども、小中学生の感想文を読むと、そうしたハードルをいとも簡単に乗り越えて語りの真実に迫っているように感じられました。

　人間だけが夢をもつことができる。ひとは誰もが天真をこころに宿している。縁を生かそうとすることができるのは人間だけである。そう、著者はいいます。そして読者は、ひたむきに生きる登場人物の人生に、人間であるが故の世界を見出《みいだ》すのでしょう。人間という共通項で老若《ろうにゃく》男女《なんにょ》のこころに遍《あまね》く響く世界をそこに見、人間だけが授《さず》かった力をそこに感じるのでしょう。そこから読者は、人間誰しもが授かったその力を、みずからの人生に注いでいくことのできる可能性を宿している、そのことを知るのでしょう。

本書に綴られている物語が前二作の物語と同様に人生の基礎期にある小・中・高校生の心に確かな波紋《はもん》を描いていくものになることを願うと同時に、あらゆる世代の多くの人たちのこころに遍く拡《ひろ》がっていくことを願ってやみません。

心に響く小さな5つの物語Ⅲ——目次

装幀——川上奈々

第一話

人生に誓うものを持つ

昭和の初め、岩波英和辞典を編纂《へんさん》、
英語学者として名をなした田中菊雄《きくお》という人がいた。

学歴は高等小学校中退。
国鉄の客車給仕《きゃくしゃきゅうじ》係をしながら刻苦勉励《こっくべんれい》、
十八歳で小学校の代用教員になる。
さらに旧制の中学、高校の教員資格を取り、
後年《こうねん》は山形大学の教授を務めた。

明治二十六年に生まれ、
昭和五十年、
八十一歳で生涯を閉じている。
渡部昇一《わたなべしょういち》氏は同郷の立志伝中《りっしでんちゅう》の
この人を深く尊敬し、

「少年時代、田中菊雄先生は
私の心の中の英雄であった」

と語られている。
その田中菊雄氏がその著書（『知的人生に贈る』）に
こんなことを書いている。

私は小学校を出ると（いやまだ出ないうちに）
すぐ鉄道の列車給仕《きゅうじ》になった。

辞令を受けて帰って、

神棚《かみだな》に捧《ささ》げた時の気持ちは、
いまでも忘れられない。
そしてその辞令をいまでも大切に保存している。

「ほかの少年は親から
充分《じゅうぶん》費用を出してもらって学校へ通える。

しかし、私はあすから働いて

父母の生活の重荷《おもに》の一端《いったん》を
になわしてもらえるのだ。
私の働いて得たお金で父母を助け、
また私の修養《しゅうよう》のための本も買えるのだ。
私は本当の学校、　社会という大学校へ、
こんなに幼《おさな》くて入学を許されたのだ。

ありがたい。
本当によい給仕として働こう」

こう思うと熱い涙が
ほおを伝わって流れたのである。

十三、四歳の少年が初めて仕事に就《つ》いた時、
心に誓った決意である。

なんと立派な決意だろうか。
少年期より人生に誓うものを持つことによって、
氏は自らを修養《しゅうよう》し、
人生を構築していくのである。

「人間は、必ず一人には一人の光がある」
とある先達《せんだつ》は言った。

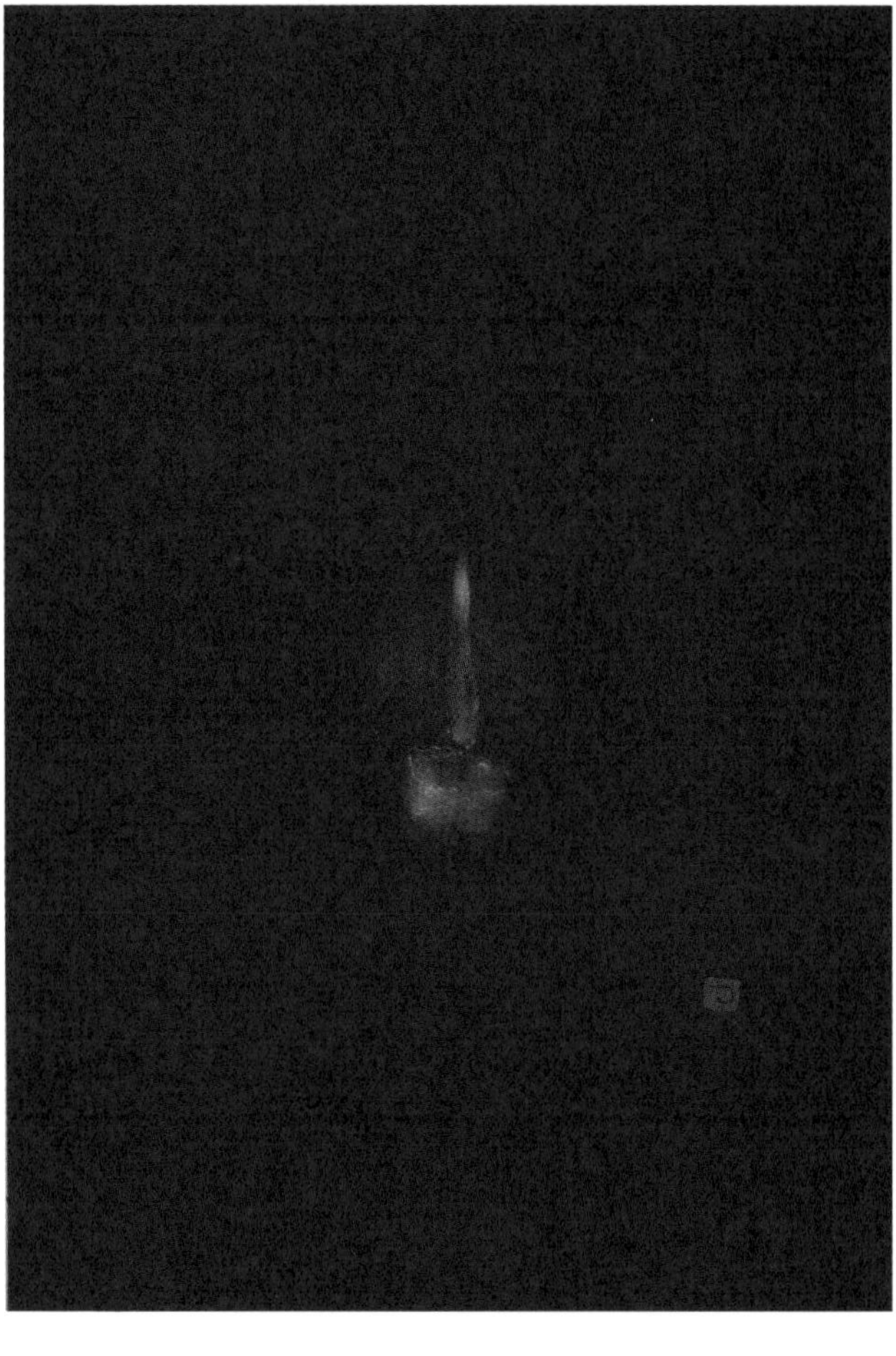

しかし、一人の光が真に光を放つには、
それなりの条件が要《い》る。

そしてその根本になるのが、
人生に誓うものを持つということではないか、
と思うのである。
山本有三《ゆうぞう》作『路傍《ろぼう》の石』の中で
次野先生が少年吾一《ごいち》に

語る言葉が思い出される。

たったひとりしかない自分を
たった一度しかない一生を
ほんとうに生かさなかったら
人間、生まれてきたかいがないじゃないか

この言葉に感応《かんのう》し、

誓いを持って人生を歩み出す若い魂の
一人でも多からんことを
願わずにはいられない。

第二話

一念、道を拓く

天野清三郎《あまのせいざぶろう》は

十五歳で松下村塾《しょうかそんじゅく》に入塾した。

四つ年上の先輩に高杉晋作《たかすぎしんさく》がいた。

清三郎は晋作とよく行動を共にした。

だが、清三郎は劣等感《れっとうかん》を覚えるようになる。

晋作の機略縦横《きりゃくじゅうおう》、あらゆる事態に

的確に対処《たいしょ》していく姿に、
とても真似《まね》ができないと思い始めたのである。
では、自分は何をもって
世に立っていけばいいのか。

清三郎の胸に刻《きざ》まれているものがあった。

「黒船《くろふね》を打ち負かすような

軍艦を造らなければ日本は守れない」
という松陰《しょういん》の言葉である。

「そうだ、自分は手先が器用だ。
船造りになって日本を守ろう」

真の決意は行動を生む。
二十四歳で脱藩《だっぱん》しイギリスに密航《みっこう》、

グラスゴー造船所《ぞうせんじょ》で働くのである。
そのうち、船造りの輪郭《りんかく》が呑《の》み込めてくると、
数学や物理学の知識が
不可欠であることが分かってくる。
彼は働きながら夜間学校に通い、
三年間で卒業する。

当時の彼の語学力を思えば、

その努力の凄《すさ》まじさは
想像を超えるものがある。

しかし、三年の学びではまだおぼつかない。
さらに三年の延長を願い出るが、
受け入れられない。
そこで今度はアメリカに渡り、
やはり造船所で働きながら

夜間学校で学ぶのだ。
ここも三年で卒業する。
彼が帰国したのは明治七（一八七四）年。
三十一歳だった。

清三郎は長崎造船所の初代所長になり、
日本の造船業の礎《いしずえ》となった。
一念、まさに道を拓《ひら》いた典型の人である。

一念がもたらすものの大きさ。豊かさ。
それを示す人生はまだある。
その少女の足に突然の激痛《げきつう》が走ったのは
三歳の冬である。
病院での診断《しんだん》は突発性脱疽《とっぱつせいだっそ》。

肉が焼け骨が腐《くさ》る難病《なんびょう》で、
切断しないと命が危ないという。
診断通りだった。
それから間もなく、
少女の左手が五本の指をつけたまま、
手首からボロっともげ落ちた。
悲嘆《ひたん》の底で両親は手術を決意する。
少女は両腕を肘《ひじ》の関節から、

両足を膝《ひざ》の関節から切り落とされた。
少女は達磨《だるま》娘と言われるようになった。

少女七歳の時に父が死亡。
そして九歳になった頃、
それまで少女を舐《な》めるように
可愛《かわい》がっていた母が一変する。

猛烈《もうれつ》な訓練を始めるのだ。

手足のない少女に着物を与え、

「ほどいてみよ」

「鋏《はさみ》の使い方を考えよ」

「針に糸を通してみよ」


できないとご飯を食べさせてもらえない。

少女は必死だった。

小刀を口にくわえて鉛筆《えんぴつ》を削《けず》る。

口で字を書く。

歯と唇《くちびる》を動かし肘《ひじ》から先がない腕に

挟《はさ》んだ針に糸を通す。

その糸を舌でクルッと回し玉結びにする。

文字通りの血が滲《にじ》む努力。

それができるようになったのは
十二歳の終わり頃だった。
ある時、近所の幼友達《おさなともだち》に
人形の着物を縫《ぬ》ってやった。
その着物は唾《つば》でベトベトだった。

それでも幼友達は大喜びだったが、
その母親は「汚い」と川に放り捨てた。

それを聞いた少女は、

「いつかは濡れていない着物を縫ってみせる」

と奮《ふる》い立った。

少女が濡れていない単衣《ひとえぎぬ》一枚を
仕立て上げたのは、十五歳の時だった。

この一念が、その後の少女の人生を
拓《ひら》く基になったのである。
その人の名は中村久子《ひさこ》。
口で裁縫《さいほう》し字を書く芸を売りに
見世物興行《みせものこうぎょう》界に入って人気を博《はく》し、
やがて著作（『こころの手足』『私の越えて来た道』など）が
認められ、作家の地位を確立する。

後年、彼女はこう述べている。

「両手両足を切り落とされたこの体こそが、
人間としてどう生きるかを
教えてくれた最高最大の先生であった」

そしてこう断言する。

「人生に絶望なし。
いかなる人生にも決して絶望はない」

歴史に鮮やかな足跡を残した
二人の生き方を範に
私たちも一念、道をひらく人生を
めざしていきたい。

第三話　一意専心

塙《はなわ》 保己一《ほきいち》は延享《えんきょう》三（一七四六）年、武蔵国児玉郡保木野《むさしのくにこだまぐんほきの》（現・埼玉県本庄市）に生まれた。

生家《せいか》は裕福《ゆうふく》な農家だったが、五歳の時、思いがけない病魔《びょうま》に襲われる。目が次第に光を失っていったのだ。母きよは保己一を背負い、

片道八キロの道を一日も欠かさず
藤岡（現・群馬県藤岡市）の医師のもとに
通い続けた。

なんとしても我が子の目を
治したい一念だった。
しかし、保己一は七歳で完全に失明した。
さらに、十二歳で最愛の母が亡くなってしまう。

保己一は杖《つえ》を頼りに毎日墓地に行き、
母の墓石《ぼせき》に向かって泣き続けた。

涙の中で一つの決意が生まれた。
江戸に出て学問で身を立てよう。

保己一は、耳にしたことは

すべて記憶するほどの抜群《ばつぐん》の記憶力の持ち主だったのである。

保己一の情熱は父を動かした。

絹《きぬ》商人に手を引かれ、保己一は江戸に旅立つ。十五歳だった。

江戸時代、盲人《もうじん》の進む道は限られていた。

検校《けんぎょう》という役職者に率《ひき》いられた盲人一座《もうじんいちざ》に入り、
按摩《あんま》や鍼灸《しんきゅう》の修業をする、
琵琶《びわ》や三味線《しゃみせん》の芸能に勤《いそ》しむ、
あるいは座頭金《ざとうがね》という金貸しの知識を学ぶ、
などして世渡《よわた》りの技能を身につけ、
互いに助け合って
生活していく仕組みになっていた。
選べる職業はそれだけだった。

保己一もまた雨富須賀一《あめとみすがいち》検校の
盲人一座に入門した。

だが、保己一の望みは学問である。
悶々《もんもん》とした日々が続き、
思い切って師匠の雨富検校に本心を明かす。
「私は学問がしたいのです」

破門《はもん》覚悟の告白だった。

保己一の幸運はこの雨富検校に出会ったことだった。

「人間、本心からやりたいことに打ち込むのは結構なことだ」

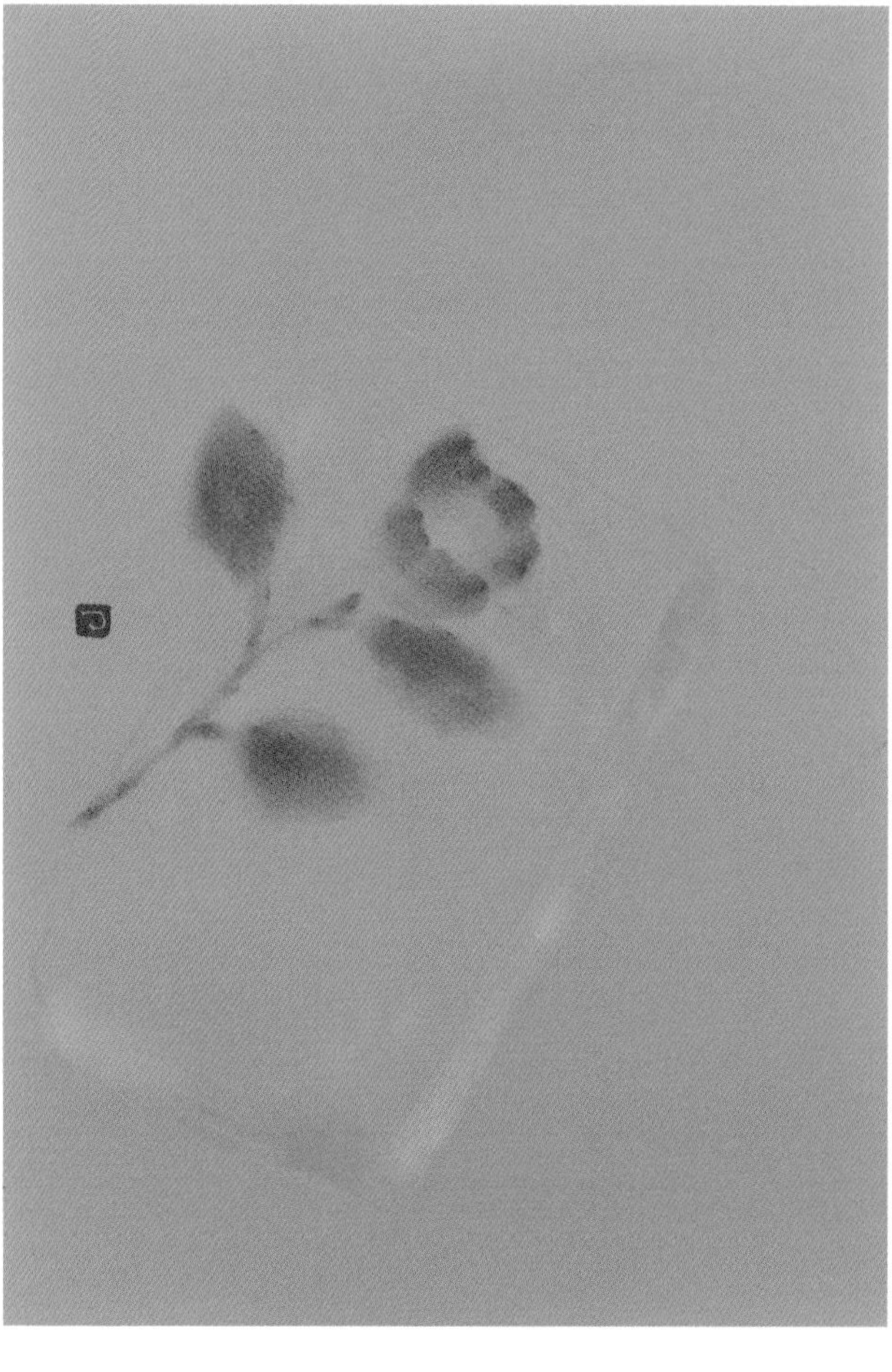

と検校はいい、
学問することを許されたのである。
保己一の目覚《めざ》ましい研鑽《けんさん》が始まる。
目が見えない保己一は
誰かに本を読んでもらうしかない。
全身を耳にし、
耳にしたことはすべて身につけていく。

盲目の身で学問に励む少年がいる、と
たちまち江戸の町の評判になった。

保己一の真剣な姿に多くの援助者が現れる。
保己一はついに当代随一《とうだいずいいち》と謳《うた》われる
国学者賀茂真淵《かものまぶち》の門人《もんじん》になることができた。
残念ながらその半年後に真淵は亡くなるが、
この半年間に保己一は

六国史《りっこくし》（『日本書紀《しょき》』をはじめとする
日本の六つの正史《せいし》）を読破《どくは》、
後《のち》の偉業《いぎょう》を築く土台となった。
六国史に記されているのは
九世紀の光孝《こうこう》天皇まで。
以降は日本の歴史として整理されていない。
後の世の人のため、宇多《うだ》天皇以降の歴史を

きちんとした形で残さねば、と

保己一は『史料《しりょう》』と

大文献集《ぶんけんしゅう》『群書類従《ぐんしょるいじゅう》』の編纂《へんさん》を決意する。

『群書類従』編纂の取り組みが始まったのは

安永八（一七七九）年。

保己一、三十四歳。

『群書類従《ぐんしょるいじゅう》』に収める文献は
厳選に厳選を重ね、徹底的に校訂《こうてい》を加えた。
例えば『竹取《たけとり》物語』も五種類の異本《いほん》を
丹念《たんねん》に調べ、綿密《めんみつ》に校訂している。
まがい物は絶対に収めない。
それが保己一の信念だった。

六百六十六冊、全五百三十巻。

国学《こくがく》の金字塔《きんじとう》『群書類従』が完成した時、保己一は七十四歳になっていた。

その二年後に死去《しきょ》する。

昭和十二年、保己一の偉業《いぎょう》を顕彰《けんしょう》する「温古《おんこ》学会」を訪れたヘレン・ケラーはこう言ったという。

「小さい頃、私は母に励まされた。
日本には幼い時に失明し、
点字もない時代に努力して学問を積み、
一流の学者になった塙保己一という人がいた。
あなたも塙先生を手本に頑張りなさい」

一意専心《いちいせんしん》の言葉そのままの人生を生きた
偉人に学ぶものは多い。

第四話　感奮興起

何かに感じ
自分もうかうかしておれないと奮《ふる》い立つ
——感奮興起《かんぷんこうき》である。

人間の成長、人生の発展に不可欠の
資質《ししつ》、要素である。

多くの先達《せんだつ》がその大事さを説いた。

佐藤一斎《いっさい》は『言志録《げんしろく》』にいう。

《憤《ふん》の一字、是《こ》れ進学の機関なり。
「舜何人《しゅんなんぴと》ぞ。予《われ》何人ぞ」とは、
方《まさ》に是《こ》れ憤《ふん》なり》

憤の一字とは感奮興起と同義である。
憤こそが学問を進歩させ、

人間を向上させる機関だと
一斎は言い切る。

「舜何人ぞ。予何人ぞ」は
孔子《こうし》の一番弟子、顔回《がんかい》の言葉。
舜というのは堯《ぎょう》と並び称される
支那《しな》古代の聖人《せいじん》。
その舜も人、自分も人、

努力修養すれば
自分も必ず
舜のような人物になれる、
と顔回は感奮したのだ。

孔子にもこういう言葉がある。
《苗《なえ》にして秀《ひい》でざる者あり。
秀でて実らざる者あり》

学問をしても苗のままで
いつまでも穂《ほ》を出さない者がいる。
折角《せっかく》穂を出しても実を結ばずに
終わってしまう者もいる。
弟子三千人といわれる孔子。
多くの弟子を育ててきた実感であり、
慨嘆《がいたん》であろう。

孔子は『論語』の
別のところでこうもいう。

《之《これ》を如何《いかん》せん。
之を如何せんといわざる者は、
吾《われ》之を如何ともするなきのみ》

どうしたら自分を
もっと向上させることができるか、
いかにしたら自分をもっと磨くことができるか。

真剣に問い、求めようとしない者は、
この自分もどうすることもできない。
苗のままで終わるか、
実を結ぶ者になるか。

その差は感奮興起のいかんで決まる
――孔子、痛憤《つうふん》の言葉である。

『致知《ちち》』に馴染《なじ》みの深い教育者、東井《とうい》義雄さんに
「心のスイッチ」と題する詩がある。

感奮興起の大事さを託《たく》した詩である。

人間の目は　ふしぎな　目
見ようという心がなかったら
見ていても見えない
人間の耳はふしぎな耳
聞こうという心がなかったら
聞いていても　聞こえない

頭も　そうだ

はじめからよい頭　わるい頭の
区別があるのではないようだ
「よし　やるぞ！」と
心のスイッチがはいると
頭も
すばらしい　はたらきを　しはじめる

心のスイッチが　人間を

つまらなくもし　すばらしくもしていく
電灯のスイッチが
家の中を明るくもし　暗くもするように

五十年遺伝子研究ひと筋の
村上和雄教授に
『スイッチ・オンの生き方』という著書がある。

遺伝子のスイッチオンと
感奮興起は深く関連していることを、
この本は教えてくれる。

感奮興起こそ生命を輝かせる道である。

第五話　夢に挑む

地球上には
どれくらいの生物がいるのだろうか。

おそらく何百万種、
いや何千万種の生物が生息《せいそく》しているのだろう。

だが、地球上の全生物中、
夢を見、夢に挑《いど》み、

それを実現させてきたのは
人間だけである。

人間だけになぜそれが可能だったのだろうか。

一九七四年、
アメリカのジョハンソン博士のグループが、
エチオピアのハダールで

人類の祖先の頭蓋骨《ずがいこつ》を含む
ほぼ全身骨格を発掘《はっくつ》、
それをルーシーと名づけた。

この骨格の研究によって、
人類誕生は四百万年前、
誕生の地はアフリカというのが定説《ていせつ》になった、と
脳生理学者の大島清氏から伺ったことがある。

ルーシーは骨格年齢から見てほぼ二十歳。
これは当時の平均寿命だったという。

身長百十センチ。
体重二十七キロ。
ルーシーがサルでも類人猿《るいじんえん》でもなく
人類だと言える根拠《こんきょ》は、その額《ひたい》である。

サルやチンパンジーの額は水平《すいへい》だが、
現代人は垂直《すいちょく》。
ルーシーの額には垂直に向かう特徴があるのだ。

そして重要なのは大後頭孔《だいこうとうこう》
——脊髄《せきずい》が頭蓋骨に出てくる穴。
牛や馬など四足歩行の動物は、

これが斜《なな》め後ろについている。
ルーシーのそれは真下。
これはルーシーが直立《ちょくりつ》して歩いた証拠《しょうこ》である。

直立二足歩行。
これこそ人間を人間たらしめた最大のもの、
なのである。

二本足で歩くことで両手が使えるようになり、

その手は道具を使うようになり、
火をおこし、言葉を話すようになる。

このことは、
人間だけが夢を見るようになることと
真っすぐに繋《つな》がっているように
思えるのである。

人類の歴史は夢に挑んできた歴史である。
文明史は夢の挑戦史と言っていい。

夢に挑み、幾多《いくた》の困難を乗り越えて
夢を実現した人たちには、
等《ひと》しく共通したものがある。

困難を「障害物」ではなく

「跳躍台《ちょうやくだい》」にしたことである。

「すべての逆境には
それと同等かそれ以上に
大きな恩恵《おんけい》の種子《しゅし》が含まれている」

とナポレオン・ヒルは言っているが、
そのことを身体《からだ》で知っていたということである。

その典型はトーマス・エジソンである。

エジソンは一八四七年、

アメリカ・オハイオ州に生まれ、

八十四歳でその生涯《しょうがい》を閉じた。

その間《かん》に成した発明、改良は三千に及ぶ。

三十歳で電話機や蓄音機《ちくおんき》を生み出し、
その翌年、三十一歳で人類史上に
画期《かっき》をもたらした実験に取りかかる。

白熱《はくねつ》電球の発明である。

実験に打ち込むこと一年。
五千回もの失敗を繰り返し、

一八七九年、三十二歳のエジソンは
ついに白熱電球四十五時間連続点灯《てんとう》に成功した。

いまから百三十五年前。
それまで人類は夜は
ローソクやランプで暮らしていた。
夜は暗いものと決まっていた。

その生活を電灯《でんとう》という灯《あか》りを
創り出すことで一変させたのだ。

有名な逸話《いつわ》がある。
「電球を完成させるのに
五千回も失敗したそうですね」

という新聞記者の質問に、

エジソンはこう答えたのだ。

「五千回も失敗したって？
そんなことはない。
うまくいかない五千通りの方法を
発見するのに成功したんだよ」

先日、トヨタ名誉会長・張富士夫《ちょうふじお》氏より

創業者・豊田佐吉翁《とよださきちおう》が
生前《せいぜん》、座右銘《ざゆうめい》にしていたという言葉を教わった。
「百忍千鍛事遂《ひゃくにんせんたんことつい》に全《まっと》うす」
エジソンの言葉と
見事に重なり合うことを見落としてはならない。

最後に、京都大学元総長・平澤興《ひらさわこう》氏の言葉を紹介する。

「夢を持て。
希望を持て。
夢を持たぬ人生は
動物的には生きていても、
人間的には死んでいる人生」

あとがき

『心に響く小さな5つの物語』第三作をここに出版できることを大変うれしく思います。

本シリーズの第一作は平成二十二年一月に出版されました。発売と同時に大きな反響をいただき、その翌年には第二作を出版することになりました。本シリーズは、自分が読むだけではなく小中高生や若い社員に読んでもらいたいとたくさんの方がギフトしてくださり、いまも根強い支持をいただいています。

弊社では第一作出版の翌年より毎年「『心に響く小さな5つの物語』

感想文コンクール」を開催し、今年で第八回を迎えました。

感想文コンクールを始めたのは、ＳＮＳの発達で本を読まなくなったといわれる令和の時代を生きる小中高生たちに本を読む喜び、楽しみ、感動を知ってもらいたいと思ったからです。


健康な体を維持するには、栄養のある食べ物を規則正しく摂取《せっしゅ》する必要があります。悪いものや腐《くさ》ったものを食べていたら体を壊《こわ》し、病気になります。

これは心も同じです。

心の健康を維持するためには、やはり栄養のある食べ物を摂取する必要があります。

心の食べ物とは何でしょうか。
それは人の心に生きる喜び、希望、勇気、感動、生きる力を与えてくれる本です。人は良い教え、良い言葉の詰まった本を読むことで心を健《すこ》やかに育て、健康な心を維持できるのです。

坂村真民《しんみん》先生にこんな詩があります。

よい本を読め
よい本によって己《おの》れを作れ
心に美しい火を燃やし
人生は尊かったと叫ばしめよ

すばらしい詩です。

人は良い本を読んで自分の心を作る。そうすると心に美しい火が燃える。そして自分の一生が終わろうとするときに、「すばらしい人生だった」と自分自身が言い切れるような人生を送らなければいけない、というのです。

心に邪悪《じゃあく》な火ではなく美しい火を燃やす。その原動力となるのが良い本です。

本書が前二作とともにそういう役割を担《にな》うものとなることを願ってやみません。

なお本書にも、片岡鶴太郎さんに素晴らしい絵を添えていただきました。この場を借りてお礼申し上げます。

令和二年十一月

著者

【初出一覧】

第一話　人生に誓うものを持つ　『致知』二〇〇七年四月号

第二話　一念、道を拓く　『致知』二〇一二年一一月号

第三話　一意専心　『致知』二〇一四年二月号

第四話　感奮興起　『致知』二〇〇九年八月号

第五話　夢に挑む　『致知』二〇一四年一〇月号

【参考文献】

『人はなぜ勉強するのか』岩橋文吉・著（モラロジー研究所）

『四肢切断　中村久子先生の一生』黒瀬昇次郎・著（致知出版社）

藤尾秀昭（ふじお・ひであき）昭和53年の創刊以来、月刊誌『致知』の編集に携わる。54年に編集長に就任。平成４年に致知出版社代表取締役社長に就任。現在代表取締役社長兼主幹。『致知』は「人間学」をテーマに一貫した編集方針を貫いてきた雑誌で、令和５年、創刊45年を迎えた。有名無名を問わず、「一隅を照らす人々」に照準をあてた編集は、オンリーワンの雑誌として注目を集めている。主な著書に『小さな人生論１〜５』『小さな修養論１〜５』『小さな経営論』『心に響く小さな５つの物語Ⅰ〜Ⅲ』『プロの条件』『生き方のセオリー』『はじめて読む人のための人間学』『二度とない人生をどう生きるか』『人生の法則』などがある。

片岡鶴太郎（かたおか・つるたろう）俳優・画家。東京都西日暮里出身。昭和47年、片岡鶴八師匠に弟子入りし、東宝名人会、浅草演芸場に出演。以降、バラエティ番組を足掛かりに人気者となる。芸人にとどまらず、俳優、画家、プロボクサー、ヨーギー、ヨガインストラクターと多方面で活躍中。63年、映画『異人たちとの夏』で日本アカデミー賞最優秀助演男優賞を受賞。平成７年、初の絵画個展を東京で開催。13年には、初の海外個展をパリにて開催、好評を博す。27年、書の芥川賞といわれる「第十回手島右卿賞」を受賞。29年、インド政府公認プロフェッショナルヨガ検定に合格し、インド政府よりヨガマスターの称号を授与され、第１回ヨガ親善大使に任命される。

心に響く小さな５つの物語Ⅲ

令和二年十二月一日第一刷発行
令和五年十二月十日第二刷発行

著　者　藤尾秀昭
発行者　藤尾秀昭
発行所　致知出版社
〒150-0001 東京都渋谷区神宮前四の二十四の九
ＴＥＬ（〇三）三七九六―二一一一
印刷・製本　中央精版印刷

落丁・乱丁はお取替え致します。　（検印廃止）

ISBN978-4-8009-1246-6 C0095
ホームページ　https://www.chichi.co.jp
Ｅメール　books@chichi.co.jp